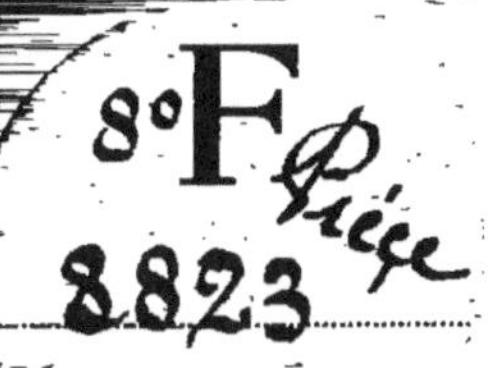

DÉFENSE

DE LA

PROPRIÉTÉ IMMOBILIÈRE

DISCOURS

PRONONCÉ A L'HOTEL DE L'UNION DES SYNDICATS

Rue de Lancry, n° 10, le 24 Avril 1888

PAR

M. ERNEST BRELAY

Rédacteur de *l'Économiste français,*
Membre adhérent de la *Chambre syndicale des Propriétaires de Paris*

EXTRAIT :

1° De la Revue « La France commerciale, industrielle et agricole. Paris, 97, rue Denfert-Rochereau. »

2° Du Bulletin de la **Chambre syndicale des Propriétés immobilières**, rue Saint-Honoré, n° 243.

PRIX : 1 FRANC

PARIS

GUILLAUMIN ET Cⁱᵉ, ÉDITEURS

14, Rue Richelieu, 14

1888

CONFÉRENCE

*Sur la Chambre syndicale des Propriétés immobilières de Paris, donnée le 24 Avril, par M. ERNEST BRELAY, adhérent, rédacteur de l'**Economiste français**, à l'hôtel de l'Union des Syndicats, rue de Lancry, 10.*

MESDAMES, MESSIEURS,

Je ne saurais trop remercier la Chambre syndicale d'avoir bien voulu me charger de vous entretenir. Je pense qu'en agissant ainsi elle a voulu me tenir compte des services que je m'efforce de rendre depuis dix années dans une revue très autorisée, l'*Economiste français*, où je soutiens, en bonne et savante compagnie, les droits de la propriété.

Je suis donc heureux d'avoir l'occasion de répondre aux nombreuses agressions auxquelles nous sommes en butte.

Pour justifier la confiance que l'on me témoigne, je m'efforcerai avant tout d'être clair et concis, et de ménager votre patience en m'abstenant de tout effet oratoire.

J'irai donc droit au fait, et bien que je ne sois pas avocat, j'imiterai les membres du barreau, qui posent leurs conclusions tout d'abord et les développent ensuite.

Voici les miennes :

« Plaise à l'auditoire, de vouloir bien, avant de sortir d'ici, donner son adhésion à la Chambre syndicale de la propriété immobilière, dont le but est la défense commune de tous les propriétaires. »

Si vous agissez ainsi, vos engagements seront limités à la très modique contribution de vingt francs par an, en échange de laquelle vous recevrez le *Bulletin* mensuel de la Société.

Ce *Bulletin* deviendra hebdomadaire lorsque nous serons en nombre suffisant, ce qui, évidemment, ne tardera pas à se produire. Dans son contenu, et au siège social, *243, rue Saint-Honoré*, vous trouverez tous les renseignements qui peuvent vous être nécessaires dans la fonction que vous exercez. Verbalement aussi, lorsque vous demanderez un rendez-vous aux membres du bureau, vous serez fixés sur tous les droits et devoirs du propriétaire et locataire : devoirs mutuels, je me hâte de le dire, car, ainsi que vous tous, je tiens à être impartial.

On vous édifiera donc sur tout ce qui a rapport à l'administration municipale, aux différentes sociétés, soit à monopoles, soit à traités, comme le gaz et la Compagnie des eaux ; sur une matière fort délicate aussi pour vous, la vidange ; en un mot, sur les questions si nombreuses qui se rattachent à la propriété et dont je peux vous parler *ex professo*, étant propriétaire moi-même de quelques immeubles, et sachant combien il y a là de problèmes qu'il faut résoudre, pour lesquels le concours d'hommes expérimentés, comme notre honorable président, est absolument précieux.

Ce président, dont je ne voudrais pas faire souffrir la modestie, est un des hommes les plus compétents qui existent. Il est possesseur d'un grand nombre d'immeubles ; — je lui en connais au moins soixante dans les départements de la Seine et de Seine-et-Oise.

C'est donc pour vous une bonne garantie d'avoir à votre tête un homme ayant cette surface et cette expérience. — (Très bien ! très bien !)

*
* *

L'un de vous tout à l'heure montait à cette tribune et demandait à qui il pourrait bien s'adresser pour avoir un **concierge** ; — mais à nous, Messieurs, à notre comité, dans les attributions duquel c'est compris ; et cela se fera gratuitement comme tout le reste.

J'ajoute que les membres de notre bureau font, de longue date, tout le service nécessaire ; ils ont même fonctionné douze ans avant d'être légalement autorisés.

En effet, vous savez que depuis trente ans au moins, il y avait des Chambres syndicales que la loi ne reconnaissait pas, mais qui étaient tolérées, pour les patrons, pour les ouvriers et pour les propriétaires, contre lesquels on n'était pas agressif autretrefois comme maintenant.

Ces messieurs ont eu de beaux états de service pour commencer ; et le jour où ils l'ont pu, ils se sont mis en règle avec la loi du 24 mars 1884 ; de sorte qu'aujourd'hui nous sommes une société aussi sérieuse, aussi correcte, et même plus correcte que beaucoup d'autres ; en ce sens que les Chambres syndicales ouvrières ne sont pas toujours d'une tenue parfaite. On y fait quelquefois beaucoup de bruit, ce qui ne se voit jamais dans nos réunions, où l'on ne s'injurie ni ne se casse de chaises sur le dos. Nul de nous en effet ne se conduit comme à cet *Assommoir* qui s'appelle la « Bourse du travail ». J'espère que nous continuerons ainsi, tout en sachant résister quand on nous attaquera.

*
* *

Avant d'être reconnue légalement, notre Chambre syndicale s'occupait de tous les sujets qui vous intéressent, et pour beaucoup d'entre eux, elle obtenait des solutions très satisfaisantes. Son âge est déjà respectable, car elle a débuté en 1872, c'est-à-dire au lendemain des grands malheurs de la patrie, et particulièrement en des temps difficiles pour la propriété immobilière.

Vous savez que celle-ci a eu de rudes assauts à subir, non seulement pendant la guerre proprement dite, mais surtout pendant la période de ce que l'on appelle nos discordes civiles ; — expression bien impropre d'ailleurs, car je ne vois rien de civil dans le fait de s'entre-tuer et d'incendier une ville.

Ces messieurs ont veillé au grain pour nous tous, ils ont insisté auprès de l'Assemblée nationale pour obtenir des indemnités en faveur des gens qui avaient souffert de la guerre et particulièrement de la Commune, car il est douloureux d'avoir à constater que l'ennemi intérieur a produit à Paris d'énormes dégâts que la guerre étrangère lui avait épargnés. Il est donc résulté de cet abominable conflit des dommages formidables. Les organes les plus autorisés de la propriété à Paris s'adressèrent à la Représentation nationale et demandèrent avec instance les indemnités auxquelles les propriétaires avaient droit ; car, en somme, les Parisiens avaient souffert pour la France et, — nous pouvons bien le dire rétrospectivement, — ils l'avaient fait avec un courage passif, non exempt d'une certaine grandeur. Nous nous vantons peut-être quelquefois outre mesure; mais il nous est bien permis de dire que les propriétaires spécialement n'ont pas donné de mauvais exemples. Loin d'avoir été les vautours que la légende a faits de certains d'entre eux, ils se sont montrés accommodants et n'ont pas accepté le sombre rôle qu'on leur assigne dans le drame trimestriel qui se joue entre eux et les locataires. Au contraire, ces marchands de loyers, dont le commerce est d'une utilité incontestable, ont été victimes de faillites, d'arrangements plus ou moins amiables et de concordats ignorés par le Code.

Ils avaient été tourmentés et brûlés, ils demandaient simplement que la France leur rendît une partie de la valeur des choses auxquelles ils avaient droit. La Ville réclamait deux cents millions, on aurait dû donner beaucoup plus, car vous savez que les armées ennemies avaient imposé à la capitale une indemnité de guerre spéciale qui atteignait cette somme. Quoi qu'il en soit, on fit, vous vous en souvenez, un appel au crédit, dont une partie fut attribuée à la propriété immobilière. On lui consacra une somme de 85 millions et demi, qui donna lieu à des arrérages se montant environ à 5,550,000 francs.

La députation provinciale n'était pas très bien disposée envers les Parisiens et elle chicana assez durement l'indemnité à leur accorder. Puis, l'allocation consentie, on eut l'idée lumineuse de faire supporter à la seule contribution foncière les arrérages nécessaires à l'amortissement et au service des intérêts de ces 85 millions. Rien n'eût été plus inique !

C'est alors qu'eut lieu l'intervention la plus importante et la plus efficace de la Chambre syndicale de la propriété immobilière, dont les débuts furent véritablement éclatants. Elle insista auprès des pouvoirs publics et auprès de la commission spéciale de l'Assemblée nationale pour que la propriété ne fût pas accablée, et elle obtint la chose du monde la plus judicieuse et la plus équitable, c'est-à-dire la *répartition du fardeau commun sur les quatre contributions directes*. Cela devenait plus acceptable, car l'octroi était presque en même temps l'objet de surtaxes, et l'on ne pouvait rien lui demander de plus. Ce fut pour nos honorables amis une grande victoire obtenue obscurément. Je tiens cependant à ce qu'on connaisse le zèle de cette Chambre syndicale et qu'on ne la qualifie pas de chambre obscure (Sourires.) Car, pour moi, ses services sont plus que lumineux.

Ces services, ils sont considérables ; ils représentent des obstacles moraux à votre écrasement.

Comme vous êtes, maintenant, plus que jamais menacés, il faut vous tenir sur la défensive et soutenir la Chambre syndicale en lui apportant votre adhésion.

*
* *

A l'époque dont je parle, cette Chambre ne représentait pas tout Paris ; elle s'était recrutée parmi les propriétaires du XIme arrondissement, le plus populeux de tous, car il représente à lui seul le dixième de la population totale. C'est là qu'elle concentrait son action habituelle. Elle s'y signala par des actes d'une haute utilité, entre autres, par son intervention lors de l'établissement de la **taxe du balayage**. Vous savez que vous ne pouvez pas toujours répercuter cette taxe sur vos locataires, car vous n'avez pas tous des boutiques, ou bien, quand vous en avez, elles sont parfois vacantes. Comme toujours, nous nous soumettons à ce que nous ne pouvons empêcher ; trop heureux quand on ne nous fait pas subir d'exactions plus grandes.

Nos syndics, prenant en main la cause de tous, firent opérer des rectifications sur le tarif du balayage des rues, dans une mesure telle, que pour le XIme arrondissement seul, la réduction obtenue se chiffre par trente mille francs par an depuis quatorze ans. — Voilà un résultat singulièrement encourageant pour les hommes qui acceptent de nous représenter.

*
* *

Les tarifs de la **vidange** constituent encore un article très important pour la propriété. Ces messieurs ne craignirent pas de s'y mettre à pleines mains. (Hilarité.) Ils eurent affaire à plusieurs entrepreneurs avec lesquels ils s'entendirent, en leur disant : « Si vous voulez avoir un plus grand nombre de clients, venez à nous ; seulement offrez-nous une réduction et nous vous recommanderons à tous nos adhérents. » Or, dans un tarif qui était de 8 à 9 francs selon l'importance, la situation et la nature des locaux, ces messieurs obtinrent une réduction qui abaissa le tarif à 4 ou 5 francs.

Il y eut ensuite l'**éclairage et le pavage**, qu'on avait l'idée pyramidale de vouloir faire payer aux seuls propriétaires, comme s'il n'y avait que nous qui nous en servions. Ces messieurs obtinrent qu'on continuât à en répartir les charges sur toutes les têtes.

On parla alors d'augmenter la taxe des **portes et**

fenêtres, ces messieurs s'y opposèrent également avec succès.

Il fut ensuite question d'une **taxe de deux pour mille sur la valeur vénale de la propriété**. Notre Chambre aida beaucoup à faire écarter ce projet ; ce n'était encore qu'un point noir sur notre horizon, bientôt vous le verrez grossir et prendre des proportions gigantesques.

Rien de tout cela n'aboutissait sans démarches nombreuses. Dès qu'un projet était formulé, nos syndics insistaient pour être entendus par les chefs de l'administration, par les commissions municipales et législstives ; et les fonctions de nos syndics, pour être gratuites, étaient loin de constituer des sinécures.

*
* *

C'est grâce à eux, en grande partie, que le taux d'abonnement aux **eaux de la Ville** a été modifié. Nous payons encore, il est vrai, fort cher aujourd'hui, mais, du moins, nous ne payons à peu près que ce que nous consommons, au mètre cube, et le tarif est établi sur des bases plus proportionnelles qu'autrefois.

Je voudrais dire aussi un mot des **prix de série** qui servent de bases à nos rapports avec les entrepreneurs. Ceux-ci avaient la prétention de faire payer aux propriétaires le prix intégral pour les travaux d'entretien. Nos syndics résistèrent, et, par l'entremise, des architectes, arrachèrent une réduction de quinze pour cent sur les prix de série. Voilà encore un fait d'armes qui mériterait pour nos amis plus que des galons de caporaux. Nous retrouverons tout à l'heure la série sur notre chemin ; passons donc à un autre ordre d'idées.

Les syndics s'opposèrent encore à ce que nous fussions totalement victimes du refus de remboursement d'impôt sur les logements ou appartements non loués. Cette question appellerait beaucoup de développements ; je constate seulement un succès mixte dont nous devons nous contenter. Au lieu d'un **dégrèvement** par trimestre ou par semestre, nous ne l'avons plus que sur les locaux qui restent inoccupés une année entière. Ce n'est pas brillant ; mais comme il était question de ne plus rien nous accorder du tout, vous voyez qu'entre deux maux, c'est le moindre qui nous échoit. En passant, je fais remarquer qu'en fait de privilèges, nous avons celui de répondre des contributions de nos locataires ; cela mérite bien une

certaine compensation qu'on est toujours porté à nous dé-
nier (1).

*
* *

Je passe maintenant à la question si considérable des **logements insalubres.** Nous ne sommes pas tous des propriétaires *di primo cartello*, possédant des immeubles de un ou
deux millions sur le boulevard des Italiens, pour lesquels on ne
cherche évidemment pas beaucoup querelle à propos de la salubrité. Mais, parmi nous, il y a des hommes qui ont gagné très
péniblement leur vie et qui ont acheté ensuite, en se retirant
des affaires, une maison modeste (2), n'ayant rien de bien brillant, mais représentant, en somme, le prix d'une épargne haute-
ment respectable : cette réserve de dignes parvenus ne forme-
t-elle pas le plus solide point d'appui de la société? J'en
vois beaucoup autour de moi de ces gens là ; j'en reconnais qui
ont toujours travaillé ; qui, pour ne pas avoir les mains noires
ou calleuses, n'en sont pas moins des citoyens profondément
utiles à leur pays. — (Très bien! Très bien!)

On a souvent osé dire, en certain lieu, que ces malfaisants
individus, par incurie volontaire et barbare, s'obstinaient à mal
installer leurs clients. C'est une assertion à la fois calomnieuse
et absurde. Je ne conteste pas qu'il n'y ait, dans certains petits
immeubles, des locaux qui laissent fort à désirer ; mais oblige-
t-on quelqu'un à y entrer? — Ce serait alors le fameux cachot
humide qu'on voit surtout dans les romans. En réalité, les gens
qui entrent dans un taudis malsain peuvent bien l'examiner, et
il y a à Paris une foule de logements meilleurs qu'ils seraient
à même de choisir.

La vérité, la voici : il existe des coquins qui, n'ayant pas
l'intention de payer leur propriétaire et voulant lui jouer
un mauvais tour, le dénoncent comme ayant un logement in-
salubre et s'arrangent même, quand la visite est faite par des
autorités plus ou moins sérieuses, de façon à donner à ce logement l'aspect misérable qu'il n'avait pas auparavant.

---

(1) Voir le *Bulletin* n° 79 donnant les détails de l'intervention de
la Chambre syndicale, dans la question de la suppression partielle
de dégrèvement sur les locaux vacants.

(2) Le revenu net moyen des maisons de Paris est de 6,125 francs
chacune, et un grand nombre sont hypothéquées. (Note de la Chambre syndicale).

- Je n'ai pas la prétention de défendre les personnes qui donnent en location des lieux inhabitables ; mais je demande instamment, avec notre Chambre syndicale, que l'on ne procède pas envers eux comme le tribunal de l'Inquisition, et que l'on ne les condamne pas sans les entendre. Or, les trois quarts du temps, ces dénonciations sont ou anonymes, ou signées par des individus qui savent que l'on ne fera pas comparaître le propriétaire. En effet, on n'appelle pas celui-ci et on l'astreint parfois à des réparations énormes. C'est un abus contre lequel il faut protester. S'il y a des propriétaires qui sont coupables du crime ou du délit d'insalubrité, bien que ce crime ou ce délit ne soit pas prévu par la loi, il faut les faire comparaître et leur demander des explications avant de les punir (1).

*
* *

Je dois maintenant entrer dans un ordre d'idées tout spécial et qui constitue le côté un peu philosophique de cet entretien. Ne craignez cependant pas que je fasse de la politique : dans la Chambre syndicale de la propriété, on s'interdit formellement ce hors-d'œuvre. Mais enfin, quand on est molesté, il est permis, pour se défendre, de choisir les armes dont le maniement est le plus licite. Ces armes, pour nous, sont celles de la persuasion, et nous n'en voulons pas d'autres.

La situation morale et matérielle où nous nous trouvons en ce moment a des origines qui remontent à une quarantaine d'années et qui datent de la naissance du suffrage universel, que j'ai vu se produire au milieu d'une certaine agitation.

Déjà, longtemps avant son apparition, M. de Tocqueville disait que la démocratie coulait à pleins bords. Non seulement elle coulait, mais elle s'apprêtait à déborder. On ne pouvait cependant pas prévoir que ce fait aurait des conséquences qui avait échappé même à l'illustre écrivain.

Dans certains endroits le flot montant a causé quelquefois une véritable inondation, qui a laissé après elle un limon ne sentant pas toujours bon. En un mot, il est resté, de ces

---

(1) La question des logements insalubres a été suivie de près par la Chambre syndicale. Les *Bulletins* Nᵒˢ 86 et 101 en ont rendu compte, et ce dernier contient l'histoire de la question, ainsi que le projet de loi qui est à l'ordre du jour de la Chambre des députés, depuis juin 1887. (Note de la Chambre syndicale.)

flots bourbeux, ce que l'on a appelé, très improprement d'ailleurs, la question sociale. Il n'y a pas de question sociale, il y a des questions qui peuvent nous diviser les uns les autres, mais que nous pouvons résoudre sans nous menacer, sans nous injurier, sans nous spolier, parce que nous avons des droits égaux ; et avec ou sans le suffrage universel , nous nous devons le respect mutuel.

Je ne prétends pas le moins du monde que l'ensemble de la population électorale qui, directement ou indirectement, gouverne le pays, ait de mauvaises intentions, et je crois que la majorité des Français est composée de braves et honnêtes citoyens. Mais derrière cette population il y a des sycophantes qui, voulant diviser pour régner, suggèrent toutes sortes d'absurdités, mettent en ébullition les cervelles populaires, et font qu'à un moment donné, on ne voit plus autour de soi que des ennemis. C'est un peu l'état où nous sommes aujourd'hui, sans mauvaise intention de la part des masses, mais par suite d'un excès de crédulité de ce que l'on est convenu d'appeler les classes populaires. — Je dis les classes populaires, bien qu'il n'y ait plus de classes aujourd'hui ; le plus beau titre de gloire de la Révolution étant de les avoir abolies et de faire qu'il n'y a plus maintenant que le peuple français, dans son unité, composé de citoyens égaux les uns devant les autres au point de vue de la loi. — (Bravos et applaudissements.)

À côté de cette grande conquête, il a surgi quelque chose de fictif que l'on pourrait appeler le quatrième ou le cinquième état, c'est l'état ouvrier. On parle toujours des ouvriers, mais est-ce que nous valons mieux ou moins parce que nous manions l'outil ou la plume? Quant à moi, je suis de ceux qui se lèvent certainement aussi tôt que beaucoup d'ouvriers et comme eux je pourrais chanter :

« Nous, dont la lampe, le matin,
» Au clairon du coq se rallume,
» Nous tous qu'un salaire incertain
» Appelle avant l'aube à l'enclume.
» . . . . »

Ce qui fait la dignité de l'homme, ce n'est pas le travail spécial auquel il se livre, c'est l'honorabilité, l'action utile et fructueuse et en même temps le respect d'autrui. — (Applaudissements.)

On a conféré des droits à tout le monde et je ne m'en plains pas. Le suffrage universel est un vaste lit où nous sommes tous couchés, tâchons d'y être paisibles les uns vis-à-vis des autres,

mais ne nous reconnaissons pas des droits ou des devoirs offi-
ciels, de supérieurs ni d'inférieurs, et n'admettons pas qu'en parlant de nous, on dise : la classe dirigeante. Je voudrais bien
savoir ce que vous dirigez ? Rien ni personne, et c'est fâcheux.
Je voudrais que vous dirigeassiez, car vous êtes la probité, le
travail, l'économie cristallisée en quelque sorte ; c'est-à-dire
les représentants d'une chose précieuse et superbe : la propriété !

*
* *

C'est cette propriété, exposée au soleil et à l'envie de tous,
que l'on attaque comme coupable, parce qu'elle se livre avec
confiance, et que l'on sait qu'elle ne peut pas émigrer.

On a fanatisé les pauvres diables pour leur prouver que les
propriétaires étaient des scélérats. Et il me semble qu'on témoigne une étrange indulgence aux bandits qui s'intitulent
anti-propriétaires. Je ne veux pas insister, tellement cela me
paraît grotesque. Je ne me sens pas coupable vis-à-vis de mes
frères prolétaires, mais je les prie de n'être agressifs vis-à-vis
de personne.

J'admets sous bénéfice d'inventaire le postulat de l'égalité,
bien que la nature n'en offre aucun exemple, et je m'incline
devant les exigences de la liberté ; mais c'est une raison de plus
pour que je refuse à autrui le droit de me spolier. — (Bravo !
Bravo !)

Je tiens essentiellement à ce que nous payions tous l'impôt,
mais pas plus que nous n'en devons. Je consens à contribuer en
proportion de mes facultés ; — c'est l'essence des principes de
1789 ; — mais non à un taux qui vise l'annulation du revenu.

Je vous ai dit ce que je pensais des travailleurs. Nous le
sommes tous et je me vante d'en être un. Quant au capital,
c'est l'étoffe du travail. Sur quoi le travail s'exercerait-il, s'il
ne l'avait pas, puisqu'il est sa substance même et constitue en
quelque sorte les os de ses os et la chair de sa chair ? En effet,
le capital et le travail, ce sont les deux frères siamois, séparez-
les, il ne reste que des cadavres. — (Très bien ! très bien !)

Nous arrivons, en fait, à l'omnipotence du prolétariat. Je ne
reconnais à aucune caste spéciale le droit de régner sur moi ;
si la prétention s'en réalisait, nous ne serions pas sous la République, qui est le règne de tout le monde. Malheureusement,
on a dit sans y croire, que le quatrième État, l'État ouvrier,
devait commander aux autres, sous prétexte qu'il produisait

toutes choses. Alors on a enflammé l'esprit des inconscients ; on les a fanatisés au moyen d'une presse que je ne me sens pas enclin à respecter ; on leur a fait croire qu'on les spoliait et qu'ils pouvaient demander ce qui appartenait aux autres. On a réclamé pour eux la gratuité de ceci, la gratuité de cela, sans se rendre compte que l'Etat ou la Ville ne peut donner quoi que ce soit sans l'avoir reçu.

Et, comme nous avons l'impôt direct à côté de l'impôt indirect, il est évident que si l'on favorise et exonère une catégorie, on surcharge certaines épaules et l'on ne fait que répartir injustement le fardeau général.

*
* *

De telles vérités sont trop évidentes pour que j'y insiste, mais la nouvelle démocratie a pour principe, ou tout au moins pour expédient, de frapper les biens acquis, comme si le travail heureux méritait une pénalité.

A ce titre, nous sommes des coupables, car chacun de nous possède assurément quelque chose. Pourtant, si je passe en revue vos consciences et vos antécédents, je trouverai qu'il y en a beaucoup d'entre vous qui sont venus au monde tout nus, — (Sourires) comme moi, et qui, comme moi aussi, n'avaient pas le moindre patrimoine. Or, il n'y a pas, pour l'homme, de meilleure nourriture que la vache enragée ; c'est la plus fortifiante que l'on connaisse, et elle nous a aidés, pour la plupart, à acquérir la propriété. — (Applaudissements.)

C'est donc nous, capitalistes et propriétaires, qu'on veut mordre et à qui l'on veut faire payer ce qu'on prétend donner pour rien. En ce moment même, on donne dans certaines écoles la nourriture gratuite ; on donnera bientôt de même le vêtement. Pourquoi ne pas y ajouter le logement ?

Plus j'étudie ces prétendus problèmes, plus je trouve que l'on devrait bannir la gratuité du monde administratif ; ce qui ne veut pas dire qu'il faille être inhumain, car j'approuve l'assistance publique dans la mesure où elle n'encourage pas la fainéantise. D'ailleurs je ne m'adresse pas à des gens au cœur sec et je crois que chacun de vous est prêt, quand il le faut, à fouiller dans sa poche et à accorder le tribut de la propriété à des concitoyens infortunés. — (Bravo ! bravo !)

Mais, maintenant, on met tout en question et l'on voudrait qu'il n'y eût qu'une seule couche sociale, celle des propriétaires et des capitalistes, qui donnât tout. Il faut considérer que si ce projet se réalisait, ce serait une forme du brigandage, c'est-à-dire de la mendicité forcée.

Il y a une doctrine populaire que l'on pourrait modifier fructueusement, et qu'il faudrait répandre dans l'ensemble du public : lorsque les ouvriers entrent chez le marchand de vins, c'est celui qui commande, qui paie. Or, puisque maintenant tout le monde commande, il faut que tout le monde paye. C'est la chose la plus élémentaire et la plus rationnelle. — (Bravo! bravo!)

Le suffrage universel doit être le paiement universel, sans cela c'est la spoliation de quelques-uns au profit des plus nombreux. Tel est le véritable libéralisme; pas plus de privilégiés de la blouse que de l'habit; rien que des hommes et des citoyens. — (Applaudissements.)

*
* *

Eh bien, avec des sophismes on a tout oblitéré; il semble ne plus exister rien de respectable ni de respecté; et grâce à la presse que je n'ai pas qualifiée, et qui serait puissante pour le bien si elle ne se croyait intéressée à la perversité, on nous a envoyé au Conseil municipal et au Palais Bourbon des élus qui visent la propriété et le capital, comme les chasseurs visent la grosse bête, et prétendent en extraire des ressources indéfinies. Ces exactions ont un nom dans la langue nouvelle : cela s'appelle *l'impôt progressif sur le capital et sur le revenu;* elles ne peuvent conduire qu'à l'anéantissement de toute richesse.

Les procédés sont simples et peu variés; par exemple, lorsqu'on répartit *la contribution mobilière,* tous les ans, on exonère de l'impôt un très grand nombre de locaux et l'on en frappe un petit nombre pour le tout.

Ainsi, sur 800,000 locaux qui devraient payer l'impôt mobilier, 580,000 sont exonérés et 220,000 sont frappés pour les autres. Ce n'est peut-être pas là une très bonne justice distributive, mais, sous réserves, je passe condamnation sur ce point, parce que, comme économiste et comme financier, je reconnais qu'il est très difficile de faire payer l'impôt direct à ceux que l'on appelle les petites gens. On l'a reconnu en Allemagne, et M. de Bismarck, qui n'est pas le premier venu, a considérablement diminué le nombre des gens qui payaient l'impôt direct en son pays.

Le chancelier de l'Empire, voyant que l'on ne pouvait pas recouvrer cinq ou six millions de petites cotes d'impôt des classes, les a rayées en les remplaçant, bien entendu, par des impôts indirects ; de sorte qu'au lieu de supprimer l'impôt, il l'a simplement déplacé. Il faut bien que l'on paie, surtout dans des pays comme le nôtre où l'on veut tout transformer en services publics, ce qui est d'ailleurs une chose détestable ; car l'Etat, ou les villes, n'ayant pas de capitaux propres, ne devraient jamais faire que ce qui est hors de la portée des particuliers. — (Très bien ! très bien !)

*
* *

Si nous payons cent trente-sept millions et demi d'octroi, c'est en grande partie parce que nous avons à fournir à *l'Assistance publique* la somme énorme de vingt-cinq millions, et également celle de vingt-cinq millions pour *les écoles*. Ce sont là des dépenses faites avant tout dans l'intérêt du *prolétariat*, car je ne crois pas qu'il existe beaucoup de propriétaires envoyant leurs enfants à l'école gratuite ou profitant de l'Assistance. Par conséquent, il faut admettre que si les citoyens, tous ensemble, payent les taxes d'octroi, ce sont surtout les ouvriers qui en recueillent le bénéfice, en même temps qu'ils profitent de l'éclairage, du pavage, de la police et de tous les avantages urbains.

*
* *

Nous sommes menacés plus que jamais par le Conseil municipal, dont les prétentions exercent une influence considérable sur la Chambre des députés et même quelquefois sur le Sénat. Nous devons donc nous tenir constamment en garde contre les nouvelles attaques que l'on prépare.

Vous auriez pu voir dans notre dernier *Bulletin*, que l'on élabore différents projets ayant pour but d'atteindre la propriété, notamment par une nouvelle *législation des héritages* (1).

Par ces projets, on tend à changer l'ordre successoral et à répartir les fortunes d'une façon fantaisiste, en prenant dans

------

(1) Voir *Bulletin de la Chambre syndicale,* n° 109.

la poche des uns pour mettre dans celle des autres. Tout cela est assez ridicule; mais, vous savez : on dit que tout arrive !

Je voudrais bien que l'on m'exposât les griefs que l'on a contre les propriétaires, qui, en somme, ne sont autre chose que des négociants en abris.

Si nous vendions notre marchandise à faux poids, ou en trompant sur la qualité, nous serions assurément répréhensibles ; mais nous ne faisons rien de semblable, et nous protestons lorsqu'on nous traite comme des délinquants ; et c'est l'œuvre de notre Chambre syndicale d'empêcher qu'il en soit ainsi.

J'ai dit que je ne prenais pas trop au sérieux la ligue des *anti-propriétaires* (1); mais il n'en est pas moins vrai que quelques-uns d'entre nous ont été victimes de certains escamotages mobiliers, accomplis par cette bande de sacripants unis, qui, à un certain moment, enlèvent les gages auxquels nous avons droit, et opèrent sous l'œil paternel de la police.

C'est encore rare, mais il peut exister un gouvernement socialiste de plus en plus tendre pour les larrons, et il va peut-être falloir être nos propres agents de police.

Nous payons cependant plus de vingt-cinq millions pour ce service ; c'est bien le moins qu'il nous assure certaines garanties ! — (Très bien ! très bien !)

Il me resterait beaucoup de choses à vous dire, mais l'heure qui s'écoule me force à aller vite, c'est pourquoi je passe tout de suite à l'énorme question des **emprunts**.

En 1886, il a été décidé que la Ville se procurerait ainsi 250 millions extraordinaires (2). Sur cette somme 40 millions ont été réalisés l'an dernier. Une nouvelle émission de 60 millions va être demandée le 4 mai prochain. Sans vouloir m'étendre davantage sur l'emploi que l'on fera de cet argent, je dirai que c'est principalement un emprunt bouche-trous.

Mais en même temps que l'on comble certains de ces trous, on en creuse d'autres, car il faut pourvoir à l'amortissement et au paiement des intérêts du capital obtenu.

Les arrérages du dernier emprunt, s'élevant à la somme de 5,681,600 fr., nous mèneront jusqu'en 1972 ; nos arrière-petits-fils seront ainsi victimes de nos erreurs et de nos fautes.

---

(1) Voir *Bulletin de la Chambre syndicale*, n° 97.
(2) Voir *Bulletins de la Chambre syndicale*, n°ˢ 86, 88, 89 et 90.

La critique de cette opération financière a été faite avec sévérité dans l'*Economiste français* et dans le *Bulletin* de notre Chambre syndicale. Le ministre de l'Intérieur d'alors, pour le caractère duquel je ne professe pas un respect exagéré, trouva acceptables les conclusions cyniquement spoliatrices de ce fameux Conseil municipal dont j'ai eu l'honneur de faire partie, et que j'ai quitté volontairement, parce qu'un grand nombre de ses actes me répugnaient.

Ledit ministre crut pouvoir admettre qu'en créant les ressources nécessaires, on devait, non seulement ajouter quatre centimes à toutes les contributions directes, mais encore frapper l'impôt foncier de vingt centimes supplémentaires ; de sorte que le propriétaire, qui est évidemment un malfaiteur, doit payer vingt-quatre centimes, alors que les autres contribuables n'en payent que quatre. C'est une chose intolérable ; c'est un encouragement donné à la confiscation, parce que du moment où vous arrachez une pierre à l'édifice de la propriété, vous ne tarderez pas à en arracher plusieurs, et, à un jour donné, il s'écroulera. Ce sont des exemples comme ceux-ci, donnés aux pires jours de notre histoire, qui ont rendu la Révolution redoutable et qui ont fait craindre que la République ne fût pas un asile sûr pour les citoyens. Je le nie, pour mon compte, et ce n'est pas le régime que je crains, mais seulement le personnel qui s'en empare et en bannit l'équité. — (Très bien ! très bien !)

On s'en est donc pris aux propriétaires, on les a attaqués, on leur a demandé un contingent disproportionné dans la répartition de ce qui était nécessaire pour le service de l'emprunt. Mais tout cela, c'est pain bénit pour le Conseil municipal, car j'ai lu souvent, dans son *Bulletin* officiel et dans beaucoup d'autres documents, qu'il fallait remplacer toutes les contributions indirectes par l'impôt direct. Mais alors il faudrait augmenter dans une proportion énorme les centimes additionnels, non seulement à Paris, mais dans toute la France. C'est un danger qui n'est pas petit, j'y reviendrai en parlant du remplacement des taxes d'octroi.

L'emprunt est consacré à de prétendus travaux extraordinaires, dont la plupart sont ordinaires et permanents, comme ceux que vous avez à accomplir chaque jour dans vos immeubles. A certains moments, la ville s'apercevant que des crédits deviennent insuffisants pour des travaux courants, se procure des ressources extraordinaires dont elle consacre une partie à payer les dépenses normales. Elle établit ainsi un équilibre fictif et ne peut, pas plus que la Chambre, se décider à être réellement économe.

*
* *

Un autre côté grave de ces affaires, trop semblables à des combinaisons de l'ancien régime, c'est que l'on consacre 110 millions à éventrer Paris dans tous les sens, pour créer de nouvelles voies publiques en en détruisant d'autres. Si ces choses ne s'étaient faites que dans les cas d'extrême nécessité, et si surtout on les avait laissé entreprendre par des syndicats de particuliers, munis exceptionnellement de la faculté d'expropriation, on n'aurait pas de sérieux motifs de blâme; mais, malheureusement, cela est devenu un système et, sous prétexte de faire vivre les ouvriers, on a entrepris une foule de travaux inutiles.

On continue les percements de rues, uniquement pour procurer des occupations à ceux qui en manquent.

Alors on exproprie en grand. J'ai vu faire, en ce genre, des opérations scandaleuses; j'en ai vu faire aussi de rationnelles, celles-ci n'ont pas été nombreuses.

En principe, les expropriations ne devraient être que d'une application rare; en réalité, elles sont sans cesse à l'ordre du jour. J'ai fait partie des commissions d'indemnités de la ville de Paris, il y a huit ou neuf ans. Tout s'y passait correctement alors. Je suis convaincu qu'il en est de même aujourd'hui, en ce qui concerne les traités amiables; malheureusement, devant le Jury, on éprouve des déceptions immenses, si bien que, pour la Bourse du commerce, le mécompte a été d'une vingtaine de millions, ce qui est véritablement monstrueux. Il y a quelques années seulement, le Jury, qui était maladroitement composé, donnait des indemnités beaucoup trop considérables. Les propriétaires étaient déjà très favorisés, il y a vingt ou vingt-cinq ans, et, — je n'aurais jamais réclamé cela pour eux, — ils recevaient souvent des indemnités dépassant de beaucoup celles auxquelles ils avaient droit.

Aujourd'hui on est plus modeste, le propriétaire n'est plus au pinacle, il est même déconsidéré, de sorte que le Jury n'est plus aussi tendre pour lui qu'autrefois.

En ce qui concerne les indemnités locatives, pour fonds de commerce principalement, on s'est également beaucoup amendé; néanmoins les expropriations reviennent le plus souvent au taux exorbitant de 2,500 francs ou 3,000 francs par mètre, de telle sorte que, quand on construit sur un terrain ainsi enchéri, on arrive, pour les immeubles, à des prix de revient tels, que les propriétaires ne peuvent construire que

pour des millionnaires et doivent abandonner toute espérance
de contribuer à l'extinction du paupérisme par des loyers à bon
marché.

Aujourd'hui, en matière d'expropriation, les faveurs sont
exclusivement réservées aux tout petits locataires. Je n'élè-
verais pas de plaintes amères si, exceptionnellement, il tom-
bait dans la poche des malheureux un secours plus ou moins
municipal; cependant, on ne doit pas faire de charité arbi-
traire aux dépens d'autrui, et j'estime que l'on a eu grand tort
d'entrer dans la voie qui est actuellement suivie. J'ai fait l'ad-
dition des expropriations les plus modestes et j'ai vu qu'une
multitude de petits expulsés qui avaient droit à une indemnité
de 80 ou 100 francs, comme représentation d'un terme, —
c'était jadis la coutume établie, — recevaient actuellement
dix-neuf fois et demie la somme à laquelle ils avaient droit.
C'est là le résultat auquel je suis arrivé, en me basant sur les
chiffres qui avaient été accordés dans les éliminations de
vingt-cinq ou trente pauvres gens, qui considèrent évidemment les expropriations, non seulement comme un moyen
d'avoir du travail, mais comme une façon de s'enrichir. Ils
avaient effectivement demandé au jury près de quatre-vingts
fois la somme offerte par l'administration. — Si de tels erre-
ments continuent, ce sera peut-être une occasion de constituer
un petit patrimoine aux prolétaires, et l'on pourra croire y
trouver la solution de la fameuse question sociale. Quant à
moi, il m'est difficile de considérer les choses sous cet aspect.
— (Applaudissements.)

*
* *

Il y a à la tête des affaires municipales, non seulement un
préfet habile, professeur agrégé et grand ami de l'économie
politique, mais il y a encore un autre homme terrible, aux
vues grandioses ; c'est M. Alphand, l'illustre directeur des travaux de la Ville. Depuis qu'il est né à la vie municipale, il a
résolu d'achever Paris et de le percer de toutes parts, pour en
faire la ville modèle et toujours renaissante. — Ne prenez pas
ces paroles en mauvaise part, bien que le mot « achever
Paris » semble impliquer des intentions meurtrières. Mais re-
connaissez que l'exécution de ces plans nous conduirait fatale-
ment au régime des expropriations incessantes ; de telle sorte
que si l'on continuait, nous finirions par arriver à l'obligation
de convertir notre dette à terme en dette perpétuelle, ce qui,
proprement, signifie la dette qui ne se paye jamais ; car les

charges devenant insupportables, on serait forcé de dire, non pas comme autrefois : « Là où il n'y a rien le roi perd ses droits », mais : Là où il n'y a rien le peuple se déshonore et fait banqueroute. — (Applaudissements.)

***

Un de mes confrères, homme de beaucoup de talent, avec lequel j'aime à lutter, M. Yves Guyot, député de la Seine, a conçu un projet plus ou moins ingénieux pour le remplacement de l'octroi par une contribution directe. Avant lui, on avait dit : nous toucherons indéfiniment à la propriété et au capital et nous supprimerons l'octroi, de façon à ce que le prolétaire n'ait rien à payer. — Vous savez qu'on fait croire aux ouvriers que ce sont eux qui payent tout, tandis qu'il serait facile de prouver que le propriétaire paye huit ou dix fois, et dans certains cas, vingt fois plus qu'eux.

Or, nous fournissons à Paris 32 millions et demi de contributions directes; si nous multiplions ce chiffre par celui de quatre et un quart nous obtenons presque exactement 137 millions et demi, qui représentent le produit de l'octroi. Cela revient à dire que, pour compenser la perte résultant de là suppression des droits d'octroi, il n'y aurait purement et simplement qu'à charger les contribuables directs dans la proportion de un à quatre et un quart, c'est-à-dire que ceux qui payent aujourd'hui mille francs devraient fournir quatre mille deux cent cinquante francs.

La question s'est jadis présentée ainsi au Conseil municipal; mais c'était trop clair, et la mesure aurait suscité trop de mécontentements. — On a donc réfléchi, et M. Yves Guyot, qui est très ingénieux, a proposé et fait voter en principe une taxe sur la valeur vénale de la propriété.

Par valeur vénale d'une chose le dictionnaire entend le prix pour lequel cette chose se vend. Mais vous ne pouvez jamais connaître la valeur vénale d'un objet quelconque avant de l'avoir vendu; jusque-là vous ne pouvez que l'estimer. D'ailleurs, en matière de succession, il n'y a que la vente ou la capitalisation d'après le revenu qui mette le fisc à même de prélever les droits qui lui sont dus; — John Bull dit : « *The proof of the pudding is in the eating* », c'est-à-dire : « Je ne connais le mérite du pudding qu'en le mangeant » ; — pour moi, je vous dis : « J'ignore la valeur de la propriété tant qu'elle ne s'est pas traduite en un achat. — (Approbation.)

M. Yves Guyot est grand antagoniste de l'impôt sur le revenu, que nous payons sous la forme des quatre contributions,
et il voudrait lui substituer un autre impôt idéal sur le capital
et notamment sur la propriété. Il s'est adressé à **M. Sadi
Carnot**, alors ministre des Finances, aujourd'hui président de la
République — et pour lequel je me hâte de dire que je professe tout le respect qui est dû à un éminent citoyen — et il
lui a demandé quelle était la valeur vénale de la propriété à
Paris. M. le ministre a fait faire des recherches dans ses bu-
reaux, et il a déclaré — sans garantie du gouvernement — que
cette valeur était estimée à 15 milliards, pouvant donner lieu
à 750 millions de loyers bruts, plus 2 milliards pour les ter-
rains non encore bâtis. Voilà une base toute trouvée pour
établir les tarifs de M. Yves Guyot. En imposant ce chiffre de
17 milliards à dix pour mille, on obtiendrait 170 millions,
mais il faut déduire la valeur des hypothèques, et alors vous
n'avez plus de valeurs imposables — sans déduction des
charges, ce qui est incorrect, — que pour 13 ou 14 milliards,
lesquels à dix pour mille rendraient environ les 137 millions
et demi que produit l'octroi. Sur un million de francs, vous
aurez donc à payer dix mille francs, qu'il vous faudra bien rat-
traper sur vos locataires. Or, comme la propriété est dans une
période de prospérité inouïe, c'est là la moindre des choses
pour vous. (Sourires.) On vous dit que rien n'est plus facile,
vous essayerez (1).

*
* *

Cette motion a beaucoup de chances de passer au Parlement,
parce que l'homme qui est à la tête du ministère actuel
approuve beaucoup ces expédients originaux. C'est un politicien
distingué, mais dont l'éducation paraît avoir été totalement
négligée en ce qui concerne l'étude des questions économi-

---

(1) La Chambre syndicale, dans son *Bulletin* n° 95 (janvier 1887), a
étudié le projet de M. Yves Guyot. L'impôt de remplacement de l'octroi, par l'augmentation de la contribution foncière, s'élèverait à
28,70 °/₀ du revenu net, qui, ajoutés à 7,66 °/₀ déjà imposés, portaient
cet impôt à 36 fr. 36 cent., c'est-à-dire à plus *du tiers* du revenu net.

Un autre projet d'impôt sur le revenu, présenté par un autre député,
dont il a été parlé dans le même *Bulletin* et qui avait pour but le remplacement de la plupart des impôts perçus au profit de l'Etat, aurait
nécessité une taxe d'environ 65 °/₀ du revenu net. Les deux projets ensemble auraient imposé la propriété foncière de Paris, à plus de 100 fr.
pour °/₀; c'est-à-dire que la totalité du revenu n'aurait pas suffi pour
acquitter l'impôt. (Note de la Chambre syndicale.)

ques. Ce n'est pas tout, en abolissant l'octroi, vous supprimez et remplacez les contributions indirectes (droits d'entrée sur les boissons), prélevées pour l'Etat et qui représentent environ 70 millions. Donc, au lieu de 10 pour mille, c'est 15 pour mille que vous aurez à payer, c'est-à-dire 15,000 francs pour un million, soit le tiers à peu près de votre revenu. Tel est le péril qui vous menace. M. Yves Guyot, en présentant ce projet, a voulu reprendre les idées des Physiocrates du siècle dernier, qui prétendaient que la propriété, produisant tout, devait faire l'avance des impôts, quitte à élever le prix des produits vendus : ce qui avait l'avantage de laisser la circulation libre.

Cette doctrine est aujourd'hui percée à jour ; je suis loin cependant d'incriminer les hommes illustres qui l'ont professée avec une conscience pure, en visant une réaction nécessaire contre des abus enracinés. Je fais seulement remarquer que le projet Guyot constitue un très grand danger pour les biens fonciers de Paris ; alors surtout que l'on vient de surcharger la contribution foncière de 24 centimes au lieu de 4 que fournissent les autres sources du revenu direct, et que l'impôt foncier actuel, ainsi surchargé, viendrait encore s'ajouter aux charges nouvelles.

Si, procédant encore autrement, on se bornait à frapper de centimes additionnels la propriété immobilière seule, je ferais remarquer que nous payons actuellement à Paris 12 millions et demi de ce chef, sans compter les portes et fenêtres. Il faudrait donc multiplier cette somme par 11 pour trouver les 137 millions et demi de l'octroi. Par conséquent, là où vous payez 1,000 francs, vous devriez en payer 11,000 ; toujours sans préjudice des droits de l'Etat qui porteraient le total à peu près à 17,000 francs.

Tout cela est absurde, mais la menace est réelle. Nous sommes attaqués sous ce rapport et nous avons à nous tenir en garde contre des dangers qui peuvent parfaitement se réaliser.

La Chambre syndicale s'est beaucoup occupée autrefois de **la question du gaz**. Il nous coûte aujourd'hui 30 centimes, alors que nous devrions depuis longtemps le payer infiniment moins cher. Je ne dis pas que notre Chambre ait abordé la question par le côté que j'eusse désiré, mais elle a fait preuve de zèle et elle peut utilement revenir à la charge. Pour moi, je suis toujours resté où j'en étais il y a huit ans, lors du remarquable rapport fait par mon ami M. Martial Bernard, conseiller municipal, qui réclamait une prorogation de vingt-sept ans du traité avec la Compagnie, moyennant quoi le prix du mètre cube était réduit immédiatement.

De plus, le gaz employé pour la force motrice était abaissé à vingt centimes, et les bénéfices ultérieurs étaient consacrés à des diminutions nouvelles pour les consommateurs et pour le service public, sans que les redevances dues à la Ville et sa participation aux profits des actionnaires fussent atteintes.

Si ce projet avait été adopté, comme le désiraient les préfets successifs, et même M. Floquet, nous ne payerions plus bientôt le gaz qu'environ 20 centimes.

Le meilleur parti à prendre serait encore le même, malgré l'intérêt qu'a la ville à prendre possession de la moitié du matériel du gaz; parce que, pour avoir l'autre moitié, on devra faire une dépense équivalente, et, par conséquent, emprunter. Or, comme en 1905 nos finances communales ne seront pas allégées, nous serons vraisemblablement conduits à affermer le gaz, soit à une nouvelle Compagnie, soit à l'ancienne, et j'y vois plus d'avantages que d'inconvénients.

Ce n'est pas la Compagnie qu'on exècre; ce sont les capitalistes, ces gens qui vivent de la sueur du peuple. Je n'ai jamais, quant à moi, bu de ce liquide, mais il paraît qu'il existe des hommes assez indélicats pour s'en abreuver. — (Hilarité.) Quand notre traité sera expiré, la ville sera plus riche sans doute; mais les redevances disparaîtront, et c'est 18 ou 20 millions de moins qui figureront au budget des recettes. Vous pouvez compter que c'est à vous qu'on les demandera (1).

---

(1) La Chambre syndicale est loin d'être opposée à la prolongation du privilège de la Compagnie parisienne, pourvu que ses bénéfices soient limités aux gains probables qu'elle pourrait réaliser, dans les conditions de son traité, jusqu'à l'expiration de sa concession actuelle (1905), c'est-à-dire que les sacrifices qu'elle ferait jusqu'à cette époque pour la réduction du prix légalement exigible, seraient répartis sur les années de prolongation et ajoutés au bénéfice que lui procurerait, pendant cette prolongation, le prix normal qui serait alloué par le nouveau traité. — Malheureusement, on ne pourra obtenir une diminution sérieuse qu'autant que la ville de Paris renoncera à tout ou à une grande partie des 13 à 14 millions annuels qu'elle reçoit pour sa participation aux bénéfices de la Compagnie et qui, seuls, représentent plus de *six centimes* par chaque mètre cube de gaz consommé, et cela, indépendamment de l'octroi qu'elle perçoit à *deux centimes* le mètre cube, soit 5 à 6 millions.
En cas d'abandon de tout ou partie de la participation, la Ville im-

* *
*

D'ailleurs, un nouveau problème a surgi, c'est celui de **l'électricité**. Son emploi n'est pas encore entré dans une voie tout à fait correcte, bien que l'on ait trouvé de fort beaux procédés. Mais enfin l'électricité n'a pas dit son dernier mot, à beaucoup près ; elle est encore dans la période des tâtonnements.

A la fin de sa dernière session, le Conseil municipal a voté un million pour la construction d'une usile municipale d'électricité, destinée à éclairer le quartier des Halles et ses abords. Cependant, ne voulant pas tout à fait décourager l'industrie privée, on a dit qu'on lui donnerait, non pas des concessions, mais des permissions ; et l'on a rédigé un cahier des charges que j'ai analysé d'un bout à l'autre dans l'intérêt des gens qui seraient tentés de nous électriser. Ce cahier des charges ne tient debout dans aucune de ses parties, il a l'air d'une espèce de protocole dont les articles condamnent à mort les gens qui seraient assez imprudents pour signer un pareil traité. Dans cette circonstance, la ville me rappelle ce cuisinier, armé d'un grand couteau, qui répandait de la graine par terre pour attirer les volailles auxquelles il se préparait à couper le cou. — (On rit.)

* *
*

Je vous ai dit un mot de la **question des eaux**. Le tarif, je l'ai reconnu, est beaucoup plus équitable qu'autrefois. J'y reviens à propos des grandes combinaisons pendantes en ce moment, au sujet des égoûts et de la canalisation destinée à porter les immondices de Paris ailleurs que dans la Seine. Comme véhicule de ces impuretés, on compte nous amener 4 ou 500,000 mètres cubes d'eau de plus par jour que ce dont nous disposons présentement.

---

poserait de nouveaux centimes pour combler ce déficit et les propriétaires payeraient largement une somme égale à celle dont ils profiteraient par la diminution du prix du gaz ; qui sait même si les chambres syndicales d'alimentation ne reproduiraient pas leur proposition de faire supporter le tout par le fonc.er, c'est-à-dire par les 45,000 propriétaires exclusivement, tandis que le gaz est payé par 180,000 abonnés ? L'intérêt lésé oblitère quelquefois le sens commun ; les propriétaires n'ont donc qu'un intérêt de principe à demander la réductiou du prix du gaz, qui est vraiment excessif. (Note de la chambre syndicale.

Je ne demanderais pas mieux que d'applaudir à ces projets s'ils avaient réellement le caractère scientifique qui, malgré les apparences, leur fait jusqu'à présent défaut.

Il est d'ailleurs fâcheux qu'on leur ait souvent donné une apparence agressive, et que l'on ait saisi ce prétexte pour attaquer les inoffensifs propriétaires. J'ai lu le rapport de mon ancien collègue Deligny, et je le trouve rempli d'accusations imméritées contre vous.

Un ingénieur aussi distingué s'honorerait en ne sacrifiant pas à des préjugés ridicules. Il prétend que vous refusez l'eau à vos locataires et il vous traite de barbares capables de leur faire méchamment tirer la langue. Il demande que tout propriétaire soit obligé de prendre un abonnement d'eau de 10 litres par tête pour l'usage spécial des water-closets. Ce sera l'eau obligatoire et l'on sera contraint d'en avoir dans tous les immeubles. Il y a à cela un inconvénient, c'est que beaucoup de maisons anciennes ne se prêtent pas à l'installation des eaux. Mais on fera un devis, et on l'exécutera d'office. Si vous n'avez pas d'argent pour payer ces frais, on les retiendra sur vos loyers après avoir exercé les poursuites nécessaires.

Il faudra, pour y arriver, une législation spéciale ; la Chambre pourrait bien l'accorder si vous ne vous y opposiez avec quelque énergie.

*
* *

Reste la **question des égouts.**

Je l'ai étudiée de très près en même temps que notre président, M. Mayeur, qui l'a traitée de la façon la plus savante et la plus pratique dans le dernier numéro de notre *Bulletin* (1). J'y reviens encore dans un article que publiera bientôt l'*Économiste français* (2).

Ces projets sont réellement effrayants. Leur réalisation exigerait des centaines de millions, non seulement pour les nouvelles adductions d'eau, que je suis loin de blâmer, quand elles sont bien employées, mais encore pour la canalisation souterraine, car on devra y faire passer des torrents sous prétexte d'entraîner nos impuretés ailleurs qu'à la Seine. Or,

------

(1) Voir *Bulletin* n° 109 — Mars 1888.

(2) Voir l'*Économiste français* du samedi 19 mai 1888.

nous avons reconnu l'impraticabilité de ce procédé, de même
que l'impossibilité de faire boire au sol l'eau des égouts au-delà
d'une proportion déterminée. On voudrait que la terre absorbât
ou filtrât quatre mètres cubes d'eau par chaque centiare. Or,
il arrivera que la majeure partie de ces eaux qu'on veut em-
ployer à fertiliser les terres, passera ailleurs ou retournera
dans la Seine qui continuera à être cette espèce de Styx, rou-
lant ses ondes noires jusqu'à la mer et déposant des alluvions
épaisses, favorables aux éléments nocifs.

On emploiera, dit-on, ces produits fécondants à cultiver les
légumes, comme à Gennevilliers ; mais il est prouvé par les
études de MM. Pasteur, Brouardel. Schlœsing et autres sa-
vants, que les microbes vivant dans les eaux d'égouts n'y sont
pas nés ; ils y sont arrivés par la voie des détritus hospitaliers
et par les chutes des vidanges. Il n'y a pas de génération spon-
tanée ; ces atomes sont membres des familles imperceptibles
qui trouvent le moyen de pulluler dans nos gémonies ; on les
y verse, mais elles n'y meurent pas, et les microbes nous reviennent avec les aliments végétaux, en nous rapportant les
germes de la fièvre typhoïde et d'autres maladies.

Nous avons entendu, il y a quelques années, une conférence
sur le canal de Paris à la mer, faite par M. Dumont (1). Si les
idées de cet ingénieur étaient admises, nos eaux d'égout seraient utilisées, pour la grande culture, le long du parcours du
canal, et les irrigations ne seraient pas permanentes, ce qui
vaudrait infiniment mieux au point de vue de l'hygiène.

Ce canal ne coûterait que 60 millions ; et M. Dumont pen-
sait pouvoir trouver un adjudicataire à ce prix. Nous serions
ainsi débarrassés de notre infection, et la ville de Paris, qui,
si je ne me trompe, n'occupe en Europe que le septième ou le
huitième rang au point de vue de la salubrité, rivaliserait avec
les capitales les plus favorisées sous ce rapport, telles que
Londres et Berlin notamment, lesquelles, malgré l'énorme
agglomération de leurs populations, présentent une statistique
sanitaire bien supérieure à la nôtre.

*
* *

Je vous ai fait remarquer combien les charges étaient iné-
galement réparties parmi nous. Je veux croire, cependant, que
tout le monde est animé de bonnes intentions, excepté toute-

---

(1) Voir *Bulletin* n° 70.

fois les fanatiques et les coquins dont la race est impérissable. Ceci dit, j'abandonne beaucoup de sujets qui étaient dans mon programme et j'effleure seulement la question du *chemin de fer métropolitain*.

J'ai été peut-être le seul homme tenant une plume dans un journal parisien qui ait eu le courage de prendre corps à corps cette entreprise, et de dire de dures vérités à son endroit ; aussi j'ai dû m'arrêter dans ma polémique que l'on trouvait trop véhémente.

Je ne conteste pas que nous ayons besoin d'un supplément de moyens de locomotion, mais je n'admets pas que l'on défigure Paris et j'entends que le Métropolitain ne soit l'œuvre ni de l'Etat ni de la ville. S'il doit être exécuté, il faut qu'il le soit par des soumissionnaires à qui l'on imposera un cahier de charges rationnel et non pas léonin comme pour l'électricité. Veut-on rentrer dans le droit commun ? Le Métropolitain, alors, peut s'exécuter sans que l'autorité publique ait besoin de délier la bourse commune.

Je n'ai personne à recommander spécialement, mais j'ai eu et j'ai encore en main un projet garanti par le Comptoir d'escompte, par lequel on s'engageait à exécuter le réseau, sans subvention ni garantie, pour 180 millions, tandis que les combinaisons officielles réclamaient de 250 à 400 millions et engageaient lourdement les finances urbaines et nationales.

Le Parlement doit s'occuper bientôt à nouveau de cette affaire ; nous entendons bien en reprendre l'examen en temps opportun.

En aucun cas, nous ne sommes disposés à admettre l'établissement d'un métropolitain aérien, qui obscurcirait et enlaidirait nos voies. J'estime enfin que tout ce qui a été proposé par trois ou quatre ministres successifs était assez mal venu, et que nous devons veiller à empêcher des fautes colossales dont on nous ferait payer les frais.

*
* *

J'aurais encore beaucoup de choses à vous dire, mais il devient nécessaire de me borner.

Un mot encore, à propos des **petits loyers** ; je trouverais excellent que l'on employât chez nous le système en usage dans le Royaume-Uni, — à Londres notamment, — où les paiements se font à la semaine ou à la quinzaine. Il y a là une question capitale intéressant surtout la population peu aisée.

J'ajoute incidemment qu'il a été récemment publié sur ces matières un livre très remarquable de M. A. Raffalovich, intitulé : *Le logement du pauvre et de l'ouvrier.* (1).

Vous y trouverez la nomenclature de tout ce qui s'est fait en ce genre dans les différents pays d'Europe et d'Amérique.

Rien n'est plus utile ni plus instructif, et l'Institut en a jugé ainsi en récompensant, ces jours-ci, l'œuvre de mon laborieux collaborateur et ami. Vous aurez le regret de remarquer que des conditions spéciales d'insalubrité sont malheureusement inhérentes à une certaine clientèle que l'on ne peut pas forcer à être propre malgré elle. Vous penserez donc probablement que l'hygiène des habitations dépend en grande partie de ceux qui les occupent.

Si l'on ne paraissait pas toujours porté à s'élever contre la propriété envisagée comme quelque chose d'inique et d'oppressif, on trouverait facilement des personnes disposées à placer leur argent en constructions modestes pour les ouvriers. Ce serait une opération rationnelle.

Pour ma part, je considérerais comme moralement avantageux d'édifier des maisons ne rapportant que 4 pour cent, et même moins ; quand ce ne serait que par amour de la paix sociale, compromise par d'abominables malentendus.

C'est ce qui se fait particulièrement à Mulhouse, à Lille, à Reims, au Havre, et ce qu'a entrepris à Paris la société dite d'Auteuil, où mes amis MM. Dietz-Monin, Cheysson et autres déploient un zèle très méritoire.

Parfois les municipalités s'en mêlent sous formes de garanties de revenus ; je n'aimerais pas cela à Paris, où l'abus serait trop près de l'usage, et je préfère de beaucoup les simples associations de propriétaires, d'entrepreneurs et de locataires utilisant ensemble leurs épargnes.

Le Royaume-Uni et l'Amérique ont, en ce genre, les *Building societies* dont les capitaux réunis atteignent et dépassent le milliard ; l'exemple pourrait être suivi dans notre pays si l'on renonçait à accabler et à maudire les détenteurs de la propriété immobilière, ou à leur demander un excès d'abnégation allant jusqu'au complet sacrifice.

Le sentiment est une très belle chose, mais, en même temps,

---

(1) Paris, Guillaumin et Cᵉ, éditeurs.

il faut que l'intérêt ne soit pas mis inutilement en conflit avec la conscience (1).

* *

J'aurais aussi beaucoup à dire sur les **conditions du travail**, telles que les socialistes municipaux voudraient les établir, et notamment sur les prix de série que j'ai déjà mentionnés.

Il y a là une épée toujours suspendue sur nos têtes, car l'annulation de plusieurs délibérations par le Gouvernement, n'empêche pas le Conseil parisien de persister à prétendre imposer, pour les travaux de la ville, la journée limitée de neuf heures; les tarifs obligatoires comme *minimum ;* un jour de repos forcé par semaine, et l'abolition du marchandage, c'est-à-dire de la libre concurrence. — Ce sont là des mesures dont l'adoption grèverait peut-être le budget municipal d'une somme additionnelle de 25 à 40 millions par an; et de gré ou de force, c'est nous qui paierions ce supplément.

Mais il y a plus; si un pareil précédent venait à s'établir, il en résulterait que les propriétaires seraient obligés de passer par les mêmes exigences pour leurs propres travaux. Or, comme vos loyers n'augmenteraient pas, vous voyez d'ici la situation qui vous serait faite (2).

La Chambre syndicale a obtenu aussi des résultats en ce qui concerne les servitudes vexatoires que l'on voulait imposer aux propriétés en matière de fils télégraphiques et téléphoniques (3).

Si j'en avais le temps, j'examinerais la question de **l'extension de la compétence des juges de paix** (4). Je

---

(1) Dans les *Bulletins* nᵒˢ 81 et 102, la Chambre syndicale a publié une étude sur les logements à bon marché, laquelle contient des renseignements puisés surtout dans les ouvrages si utiles de MM. Georges Picot et Raffalowich. Nous engageons le lecteur à se reporter aussi à cette étude où il trouvera des conclusions qui nous semblent praticables. (Note de la Chambre syndicale.)

(2) Voir sur cette question le *Bulletin* nᵒ 109. (Note de la Chambre syndicale.)

(3) Voir les *Bulletins* nᵒˢ 76 et 79. Le dernier contient la loi votée, après modification, à la suite de l'intervention de la Chambre syndicale. (Note de la Chambre syndicale.)

(4) Cette loi est à l'ordre du jour de la Chambre des députés. (Note de la Chambre syndicale.)

n'insiste pas et je mentionne accessoirement aussi, comme un contingent futur du rôle de notre syndicat, les **arbitrages** amiables entre propriétaires et locataires ; cette question, pour être d'apparence presque utopique, n'est cependant pas insoluble. Il est très probable, en effet, que si les différents entre propriétaires et locataires étaient portés devant notre Chambre, ils pourraient très souvent s'apaiser sans amener d'irritation d'aucun côté.

J'ai été négociant pendant trente années, et je n'ai jamais eu de procès, pour cette bonne raison que, quand j'avais une difficulté avec un de mes clients, je lui proposais d'aller devant notre Chambre syndicale. Celui qui perdait payait 10 francs pour frais de chambre, et nous nous retirions bras-dessus bras-dessous.

*
* *

J'ai un peu abusé de votre bonne volonté, mais vous m'avez écouté avec tant de bonne grâce, et j'ai trouvé dans vos regards une telle adhésion à mes propos, que je me suis laissé entraîner ; c'est pourquoi je me hâte de conclure.

Il y a un proverbe banal, mais toujours vrai, qui dit que l'union fait la force. Donc, pour nous défendre contre les attaques présentes et futures, nous devons suivre l'exemple qui nous est offert par les races animales, bien que nous ne soyons que des gens paisibles et inoffensifs.

Vous savez que dans les grandes plaines de l'Amérique on peut voir des buffles attaqués par les grands carnassiers.

Les braves herbivores, pour sauver la propriété qui est leur peau, se rassemblent, se forment en ligne ou en cercle, présentant à la bête féroce un front menaçant, et la forcent à s'en aller ailleurs.

Vous n'êtes pas des buffles (hilarité) ; vous valez mieux que cela, mais ces modèles sont pour vous des conseillers préférables à ceux de l'Hôtel de Ville. — (Applaudissements.)

Voulez-vous un autre type ?

Si les moutons avaient du courage, ils s'uniraient contre les bouchers et ne se laisseraient pas égorger. Vous n'auriez plus de côtelettes, c'est vrai, mais les moutons auraient le beau côté de l'affaire. — (Nouvelle hilarité.)

Les proverbes, dit-on, sont la sagesse des nations ; j'en rappellerai un qui doit appartenir à un Joseph Prudhomme populaire ; c'est celui qui affirme que quinze braillards qui s'entendent font plus de bruit que mille hommes qui se taisent. Je ne vous demande pas d'être des braillards ; — vous êtes trop bien élevés pour cela, je vous recommande simplement de vous faire entendre par l'entremise de votre Chambre syndicale et je vous dis : allez réclamer, allez exiger, — avec la politesse et la convenance dont vous ne vous départez jamais — afin d'obtenir ce à quoi vous avez droit. — (Applaudissements.)

Voyez ce qu'ont fait les industriels et les cultivateurs ; ils ont obtenu — et j'en suis très fâché comme économiste — des droits de douane pour faire renchérir leurs produits. Notre situation est moralement bien meilleure, puisque nous ne voulons rien prendre à personne et désirons seulement qu'on nous laisse la paix.

Il y a ici des dames qui m'écoutent : j'en appelle à elles, car elles ont le sentiment très vif de la justice, elles ont horreur de la spoliation, et quand elles s'attachent à une cause, elles la font toujours triompher. M'adressant donc à elles, je leur répète ce qu'un poète, à une époque troublée, analogue à celle-ci, disait à sa compagne :

> « J'ai dans ton cœur viril trouvé plus de fierté
> » Que n'en avaient perdu les hommes. »

Aidez-nous donc, Mesdames ; avec vous nous serons invincibles.

Nous avons besoin de nous concentrer, non pas dans le sens dont on parle tant maintenant, c'est-à-dire par l'annulation de la volonté individuelle, qui fait que d'honnêtes citoyens se laissent conduire par des énergumènes ; mais dans la résistance à l'oppression, dans une alliance étroite pour faire triompher le droit commun, c'est-à-dire la force du droit sur le prétendu droit de la force. Voilà ce qui devra distinguer désormais les hommes honorables et intelligents des vulgaires démagogues.

C'est ainsi, mais seulement ainsi que nous ferons triompher la meilleure de toutes les Républiques, celles qui a ici de si nombreux représentants, et que j'appelle la République des braves gens ; la seule qui soit l'objet de mon culte civique. — (Bravos et applaudissements.)

M. le Président. — Personne n'a de question à adresser au Conseil de la Chambre syndicale sur un sujet quelconque intéressant la propriété ?.....

Il ne nous reste plus alors qu'à vous remercier de l'attention avec laquelle vous avez écouté M. Brelay, et à le remercier nous-même, au nom de la Chambre syndicale, d'avoir bien voulu nous donner le concours de ses lumières et de son talent.

J'ajouterai comme lui que nous vous demandons votre concours. Ceux qui voudront bien nous donner leur adhésion n'auront qu'à la signer en sortant ou, s'ils le préfèrent, à nous l'envoyer ensuite, au siège de la Chambre syndicale, rue Saint-Honoré, n° 243.

Paris. - - Imp. brev. Vve ÉDOUARD VERT, rue N.-D.-de-Nazareth, 29.